Yakitoris

Motoko Okuno

Traduction Lélia Sakai-Yajima

Photographies Pierre-Louis Viel

Stylisme Motoko Okuno

SOLAR
EDITIONS

Remerciements à Pierre-Louis, pour son talent de photographe,
Lélia, pour son travail de traduction,
Stéphane, pour ses précieux conseils,
mes parents, Seiichiro et Hiroko, à l'origine de mes inspirations,
mon cher boucher, Boucherie « Les Viandes du Champ-de-Mars »,
122, rue Saint-Dominique, 75007 Paris,
toute l'équipe des éditions Solar, qui m'a donné l'occasion
de réaliser ce livre.

Direction littéraire : Corinne Cesano
Édition : Delphine Depras
Responsable artistique : Vu Thi
Coordination et suivi artistiques : Julia Philipps
Collaboration éditoriale : Béatrice Mounier
Mise en page : APS/Chromostyle
Photogravure : APS/Chromostyle
Fabrication : Laurence Ledru

ISBN : 978-2-263-05186-9

Code éditeur : S05186

Dépôt légal : octobre 2010

Imprimé en France par Pollina - L54977

Sommaire

つま楊枝

Introduction

Tout le monde aime les brochettes au Japon. On les déguste en toutes occasions et sous de multiples formes. D'abord les fameux yakitoris, mais aussi les boulettes de pâte de riz sucré (dango), les boulettes au poulpe (takoyaki) ou l'oden en marmite (sorte de pot-au-feu).

Les yakitoris sont des brochettes de poulet : *tori* signifie « poulet » en japonais et *yaki* veut dire « grillé ». Il s'agit de différentes parties du poulet (la cuisse, le gésier ou le foie), piquées en brochettes et grillées avec de la sauce de soja sucrée ou salée.

Dans cet ouvrage, vous découvrirez toutes sortes de yakitoris et brochettes appréciés au Japon, mais aussi des recettes inédites. Même les ingrédients les plus simples, présentés en brochettes, deviennent plus appétissants !

J'ai également porté une grande attention à la création des sauces, qui sont une des clés d'un plat de brochettes réussi. De la sauce classique des yakitoris à la sauce teriyaki, j'ai là aussi concocté de nouvelles saveurs aux accents japonais.

Grâce à ce livre, j'espère que mes recettes vous accompagneront dans vos dîners, vos apéritifs et tous vos jolis moments de fêtes entre amis.

Motoko OKUNO

Aubergines à la sauce miso

Pour 4 personnes

2 aubergines

1 cuill. à café de yuzu en poudre (ou de graines de sésame)

Huile pour friture

Gros sel

Pour la sauce miso

25 g de sucre blanc

50 g de miso blanc (saikyo miso)

1 cuill. à soupe de mirin

1 cuill. à café de yuzu en poudre

1 cuill. à soupe de saké

La sauce miso agrémente vos tranches d'aubergines d'une saveur appétissante et saura séduire vos convives. Ce plat peut aussi se déguster frais, en entrée.

- Préparez la sauce : dans une petite casserole, portez à ébullition le saké, le mirin et 1 cuillerée à soupe de yuzu. Puis ajoutez le miso et le sucre et continuez à mélanger sur feu doux. Lorsque le mélange devient onctueux, réservez hors du feu.

- Coupez les aubergines en tranches de 2 cm. À l'aide d'un couteau, faites des croisillons sur les surfaces découpées. Mettez une pincée de gros sel des deux côtés des tranches d'aubergines. Laissez dégorger 10 minutes (pour enlever l'amertume).

- Chauffez l'huile de friture.

- Enlevez le sel des aubergines, essuyez-les avec un papier absorbant et piquez-les sur des piques à brochettes.

- Faites-les frire dans l'huile à 180 °C, 4 à 6 minutes. Lorsqu'elles commencent à dorer, égouttez-les sur une grille ou du papier absorbant.

- Tartinez les tranches d'aubergines de sauce miso, puis faites-les griller au four. Saupoudrez de yuzu en poudre (ou de sésame) et servez aussitôt.

Blancs de poulet au shiso, œufs de morue piquants au fromage

Pour 4 personnes

2 blancs de poulet (soit 350 à 400 g)

2 œufs de morue piquants (80 g environ)

100 g de comté

5 feuilles de shiso

Huile pour friture

Sel et poivre

Pour la panure

1 œuf

10 cl de lait

60 g de farine

30 g de chapelure fine

1 cuill. à soupe de saké

Sous la panure croustillante, on découvre un fromage fondant à souhait. Le parfum du shiso et le goût relevé des œufs de morue se marient admirablement !

• Découpez les blancs de poulet en 8 tranches rectangulaires. Puis aplatissez-les à l'aide d'un rouleau. Salez et poivrez.

• Coupez le fromage en bâtonnets de 1 cm (un peu plus courts que la viande).

• Coupez 4 feuilles de shiso en deux et ciselez la cinquième pour la décoration. Enlevez la peau des œufs de morue et mettez de côté l'équivalent de 1 cuillerée à soupe pour la décoration. Chauffez l'huile de friture.

• Sur chaque tranche de poulet, étalez les œufs de morue et les feuilles de shiso. Déposez un bâtonnet de fromage au centre, puis enroulez la tranche de poulet. Pincez-la avec vos doigts, afin de bien enfermer la farce.

• Piquez chaque tranche de poulet fourrée sur une pique à brochette, en plantant bien dans le bâtonnet de fromage.

• Dans un bol, mélangez l'œuf, la farine, le lait et le saké à l'aide d'un fouet (surtout pas au mixer !), jusqu'à obtention d'une pâte bien lisse. Plongez les brochettes dans cette pâte, en veillant à les recouvrir uniformément pour que la farce ne sorte pas durant la cuisson, et passez-les ensuite dans la chapelure. Faites-les frire dans une huile chauffée à 170-180 °C, 4 minutes environ.

• Lorsque les brochettes commencent à dorer, sortez-les et égouttez-les sur une grille ou du papier absorbant. Parsemez les brochettes avec les œufs de morue et la feuille de shiso ciselée et servez avec un jus de citron.

Calamars hachés et roulés à la feuille de shiso

Pour 4 personnes

8 feuilles de shiso

6 cuill. à soupe de fécule

Huile pour friture

Pour la farce

300 g de calamars

2 cuill. à soupe de fèves

½ blanc d'œuf

1 cuill. à café de gingembre râpé

1 cuill. à café de sauce de soja

Sel

Pour servir

Le jus de ½ citron

4 cuill. à soupe de sauce de soja

Découvrez l'alliance généreuse du calamar et des fèves. Ces délicats petits rouleaux alignés sur vos brochettes créeront la surprise dans vos assiettes !

- Videz les calamars, enlevez leur peau et hachez-les grossièrement. Passez les fèves à l'eau bouillante, puis plongez-les dans l'eau froide, égouttez-les, épongez-les avec du papier absorbant et épluchez-les. Battez le ½ blanc d'œuf en neige.
- Préparez la farce : dans un bol, mélangez les calamars hachés, la sauce de soja, le gingembre, du sel, les fèves, puis ajoutez soigneusement le blanc d'œuf battu en neige. Si la farce est trop liquide, ajoutez de la fécule.
- Coupez les feuilles de shiso en deux.
- Chauffez l'huile de friture à 180 °C.
- Partagez la farce en seize parts à l'aide d'une cuillère. Enroulez-les dans des feuilles de shiso et saupoudrez de fécule.
- Faites frire 2 minutes environ. Égouttez sur une grille ou du papier absorbant.
- Piquez sur des piques à brochettes, servez avec le jus de citron et la sauce de soja.

Vous pouvez remplacer les fèves par des haricots verts coupés en petits morceaux et les feuilles de shiso par des feuilles de nori.

キッコーマン
本醸造
特選
丸大豆しょうゆ
kikkoman

Filets de bœuf panés à la sauce aux amandes

Pour 4 personnes

300 g de filet de bœuf

1 œuf

30 g de chapelure japonaise (chapelure grossière permettant de réaliser des fritures plus croustillantes)

3 cuill. à soupe de farine

Huile pour friture

Sel et poivre

Pour la sauce

1 cuill. à soupe de miso rouge (aka miso)

2 cuill. à soupe de crème d'amande

1 cuill. à soupe de sucre de canne

1 cuill. à soupe d'amandes

2 cuill. à soupe de vinaigre de riz

Le secret de cette recette réside dans sa sauce aux amandes qui apporte une note sucrée et savoureuse à la viande. Ces brochettes croustillantes sauront charmer votre palais !

- Découpez la viande en carrés de 3 cm. Chauffez l'huile de friture.
- Piquez la viande sur des piques à brochettes, salez et poivrez.
- Saupoudrez les brochettes de farine. Puis plongez-les d'abord dans l'œuf battu et ensuite dans la chapelure, en prenant soin de la répartir uniformément.
- Faites frire à 170-180 °C, 2 à 4 minutes.
- Lorsque les brochettes sont bien dorées, sortez-les et égouttez-les sur une grille ou du papier absorbant.
- Préparez la sauce : concassez les amandes. Dans un bol, mélangez le miso, la crème d'amande, le sucre de canne, le vinaigre et les amandes concassées.
- Servez les brochettes avec la sauce.

Tout le secret de la réussite d'une friture consiste à bien surveiller la température de l'huile. Si elle est trop chaude, la friture noircira avant la cuisson de la viande. Si elle est trop basse, la friture perdra sa saveur croustillante et deviendra lourde. La température idéale est entre 170 et 180 °C.

Friture d'anchois marinés au dashi

Pour 4 personnes
300 g d'anchois
3 cuill. à soupe de fécule
Huile pour friture

Pour la marinade
1 cuill. à soupe de jus de citron
10 cl de dashi
2 cuill. à soupe de mirin
1 cuill. à soupe de sucre en poudre
6 cuill. à soupe de vinaigre de riz
½ oignon rouge
2 piments oiseaux

Voici une recette originale qui vous offre l'occasion de redécouvrir ce poisson riche en calcium aux vertus énergétiques. Ces anchois marinés se dégustent chauds ou froids, pour mieux s'adapter à toutes vos envies.

- Videz les anchois et essuyez-les bien à l'aide de papier absorbant.
- Dans un saladier, mélangez ensemble tous les ingrédients de la marinade.
- Chauffez l'huile de friture. Piquez les anchois sur des piques à brochettes et saupoudrez de fécule. Enlevez le surplus de fécule avant la cuisson.
- Faites frire les brochettes à 160 °C, 4 à 5 minutes. Une bonne cuisson permet de déguster même les arêtes.
- Lorsque la peau d'anchois devient dorée, égouttez les brochettes sur une grille ou du papier absorbant.
- Vous pouvez tremper les brochettes dans la marinade aussitôt après la cuisson et les déguster chaudes ou les laisser mariner pendant 2 heures au frais.

Vous pouvez aussi réaliser cette recette avec du saumon ou du capelan.

Friture de lotte à la sauce ponzu

Ce sont des mini-bouchées de tempura, un mode de friture très populaire au Japon. La recette traditionnelle des tempuras a été modifiée pour plus de croustillant !

Pour 4 personnes

300 g de filet de lotte

8 radis

1 cuill. à café de ciboulette ciselée

3 cuill. à soupe de fécule

Huile pour friture

Pour la marinade

2 cuill. à soupe de sauce de soja

2 cuill. à soupe de mirin

2 cuill. à soupe de saké

Pour la sauce ponzu

2 cuill. à soupe de sauce de soja

2 cuill. à soupe de vinaigre de riz

2 cuill. à soupe de jus de citron

1 cuill. à soupe de dashi

½ cuill. à café de shichimi (épice japonaise à base de piment rouge) ou de piment de Cayenne

- Dans un saladier, mélangez les ingrédients de la marinade.
- Coupez la chair de lotte en dés de 2 cm. Puis mettez-la dans la marinade et laissez reposer 10 minutes.
- Chauffez l'huile de friture.
- Dans un bol, mélangez les ingrédients de la sauce.
- Râpez les radis.
- Épongez l'humidité du poisson avec du papier absorbant, puis farinez avec la fécule. Enlevez le surplus de fécule avant la cuisson.
- Faites frire à 180 °C, 2 minutes environ. Égouttez sur une grille ou du papier absorbant.
- Disposez un peu de radis râpé sur la lotte et parsemez de ciboulette.
- Dégustez avec des piques en bois, accompagné de la sauce ponzu.

Vous pouvez déguster ces brochettes avec du saké frais ou du vin blanc.

Huîtres panées

Pour 4 personnes

8 huîtres n° 1

Le jus de 1 citron

1 œuf

3 cuill. à soupe de farine

30 g de chapelure japonaise (chapelure grossière permettant de réaliser des fritures plus croustillantes)

Huile pour friture

Sel et poivre

Qui a déjà goûté à des huîtres croustillantes ? Préparez cette recette et surprenez vos invités !

- Sortez les huîtres de leur coquille, salez et poivrez-les. Chauffez l'huile de friture.
- Saupoudrez les huîtres de farine. Puis plongez-les dans l'œuf battu et dans la chapelure uniformément.
- Faites-les frire à 170-180 °C, 2 minutes environ.
- Lorsqu'elles commencent à dorer, sortez les huîtres et égouttez-les sur une grille ou du papier absorbant.
- Servez-les aussitôt, avec des piques en bois, accompagnées de jus de citron.

Choisissez les huîtres bien laiteuses et accompagnez-les avec de la salade. Vous pouvez les déguster avec du jus de citron frais, mais aussi avec de la sauce tonkatsu selon votre goût.

Légumes panés

Pour 4 personnes

200 g de potimarron

200 g de patates douces

8 champignons de Paris

1 œuf

10 cl de lait

30 g de chapelure fine

60 g de farine

Huile pour friture

1 cuill. à soupe de saké

Pour la sauce

15 g de beurre

1 cuill. à soupe de jus de citron

3 cuill. à soupe de miel d'acacia

½ cuill. à café de sauce de soja

1 cuill. à café de graines de sésame

On peut pratiquement tout faire en friture : asperges, brocolis, oignons, toutes sortes de légumes que vous trouverez au marché. Même la banane frite est délicieuse, testez !

- Tranchez les légumes en morceaux de 1 cm d'épaisseur. Piquez-les sur des piques à brochettes. Faites chauffer l'huile.
- Préparez la sauce : dans une petite casserole, faites fondre le beurre et ajoutez du miel. Tout en mélangeant, veillez à ce que le miel se dissolve bien. Hors du feu, ajoutez la sauce de soja, le jus de citron, les graines de sésame, puis mélangez.
- Dans un bol, mélangez l'œuf, la farine, le lait et le saké. À l'aide d'un fouet (surtout pas au mixer !), mélangez jusqu'à obtenir une pâte bien lisse.
- Plongez les brochettes dans cette pâte. Puis enrobez les brochettes de chapelure.
- Faites frire à l'huile, à 160-170 °C, 5 à 7 minutes.
- Lorsque les brochettes sont dorées, sortez-les et égouttez-les sur une grille ou du papier absorbant.
- Disposez la sauce dans des coupelles individuelles et les brochettes dans un grand plat et servez aussitôt.

Lotus farci au bœuf haché

Pour 4 personnes

100 g de bœuf haché

250 g de racine de lotus

1 cuill. à soupe de tige d'oignon nouveau ou de poireau ciselé

½ cuill. à café de curry en poudre

3 cuill. à soupe de farine

½ cuill. à café de fécule + 1 cuill. à soupe

4 feuilles de shiso

Huile pour friture

4 cuill. à soupe d'eau

Sauce de soja

Sel

Le lotus est un légume fibreux, doux et croquant. Le fait de le râper et de le mélanger à la viande hachée donne à la farce toute sa légèreté.

- Épluchez la peau de lotus, prélevez-en 30 g et râpez-les. Coupez le reste en 16 rondelles de 5 mm d'épaisseur.
- Dans un bol, mélangez la viande hachée, le lotus râpé, le poireau (ou l'oignon) ciselé, la poudre de curry, ½ cuillerée à café de fécule et un peu de sel.
- Prenez les tranches de lotus par paire, tartinez chacune avec suffisamment de farce pour que les trous de lotus soient remplis.
- Rassemblez les 2 tranches de lotus farci comme un sandwich. Vous devez avoir au total 8 paires de lotus farcis. Chauffez l'huile de friture.
- Mélangez dans un bol la farine, 1 cuillerée à soupe de fécule et l'eau. Trempez-y les lotus farcis et les feuilles de shiso.
- Faites frire à 170 °C, 3 à 4 minutes. Puis égouttez sur une grille ou du papier absorbant.
- Piquez les lotus sur des piques à brochettes. Servez avec un peu de sauce de soja et les feuilles de shiso.

Bull-Dog
ブルドック
中濃
ソース

Porc pané

Pour 4 personnes

300 g d'échine de porc sans os

½ oignon blanc

1 œuf

3 cuill. à soupe de farine

30 g de chapelure japonaise (chapelure grossière permettant de réaliser des fritures plus croustillantes)

Huile pour friture

Sel et poivre

Pour servir

4 cuill. à soupe de sauce tonkatsu

4 cuill. à café de karashi (moutarde japonaise)

Voici un plaisir croustillant, avec une viande de porc relevée par la sauce tonkatsu et la moutarde japonaise. Un véritable délice en une bouchée !

- Découpez la viande en carrés de 2,5 cm. Coupez l'oignon en morceaux de même dimension. Chauffez l'huile de friture.
- Piquez en alternant, sur chaque pique à brochette, la viande et l'oignon. Salez et poivrez.
- Saupoudrez les brochettes de farine, plongez-les dans l'œuf battu, puis recouvrez de chapelure uniformément.
- Faite frire à 170-180 °C, 4 minutes environ.
- Lorsque les brochettes sont dorées, sortez-les et égouttez-les sur une grille ou du papier absorbant.
- Servez les brochettes avec la sauce tonkatsu et le karashi.

Saumon pané

Pour 4 personnes

400 g de saumon

1 œuf

10 cl de lait

3 cuill. à soupe de farine

30 g de chapelure fine

Huile pour friture

1 cuill. à soupe de saké

Sel et poivre

Pour la sauce

1 cuill. à café de jus de citron

4 cuill. à café de mayonnaise

2 cuill. à café de sauce de soja

¼ cuill. à café de shichimi (épice japonaise à base de piment rouge)

Pour décorer

4 cuill. à café d'œufs de saumon

Ces brochettes de saumon sont accompagnées de sauce à base de mayonnaise bien relevée. Vous apprécierez le goût délicat des œufs de saumon mêlés aux morceaux de poisson fondants et savoureux.

- Découpez le saumon en rectangles de 3 x 6 cm. Chauffez l'huile de friture.
- Piquez les morceaux de saumon sur des piques à brochettes. Salez et poivrez.
- Dans un bol, mélangez l'œuf, la farine, le lait et le saké. À l'aide d'un fouet (surtout pas au mixer !), mélangez jusqu'à obtenir une pâte bien lisse.
- Plongez les brochettes dans cette pâte, puis recouvrez-les de chapelure.
- Faites frire à 170-180 °C, 4 minutes environ.
- Lorsque les brochettes sont dorées, sortez-les et égouttez-les sur une grille ou du papier absorbant.
- Préparez la sauce : dans un bol, mélangez la mayonnaise, la sauce de soja, le jus de citron et le shichimi.
- À l'aide d'une cuillère, décorez chaque brochette avec la sauce et un peu d'œufs de saumon.

Si vous n'appréciez pas les mets relevés, vous pouvez remplacer la sauce à base de mayonnaise par une sauce tartare classique.

Shiitake farcis aux crevettes

Pour 4 personnes

100 g de chair de crevettes crues (6-8 crevettes)

8 shiitake (champignons japonais)

1 oignon nouveau haché

1 cuill. à café de coriandre ciselée

½ cuill. à café de gingembre haché

1 œuf

10 cl de lait

1 cuill. à café de nuoc-mâm

60 g de farine

½ cuill. à café de fécule

30 g de chapelure fine

1 cuill. à soupe de saké

Huile pour friture

Sel

Pour la sauce

4 cuill. à café de mayonnaise

1 cuill. à café d'oignon rouge haché

1 cuill. à café de persil ciselé

1 cuill. à café de jus de citron

Le nuoc-mâm relève et souligne le goût des crevettes pour une saveur unique. Les champignons shiitake délicatement parfumés à la coriandre subliment l'ensemble.

- Enlevez les têtes et les carapaces des crevettes. Nettoyez les intestins. Hachez grossièrement la chair en veillant à conserver sa consistance.
- Dans un bol, mélangez les crevettes, le gingembre, la coriandre, l'oignon, le nuoc-mâm, du sel et la fécule. Puis laissez reposer. Chauffez l'huile de friture.
- Enlevez le pied des shiitake. À l'aide d'une cuillère, remplissez les champignons avec la farce de crevettes puis piquez-les sur des piques à brochettes (un champignon par pique).
- Dans un bol, mélangez l'œuf, la farine, le lait et le saké. À l'aide d'un fouet (surtout pas au mixer !), mélangez jusqu'à obtenir une pâte bien lisse.
- Plongez les brochettes dans cette pâte ; veillez à les recouvrir uniformément pour éviter que la farce sorte durant la cuisson. Puis passez-les dans la chapelure.
- Faites frire à 170-180 °C, 4 minutes environ.
- Lorsque les brochettes sont dorées, sortez-les et égouttez-les sur une grille ou du papier absorbant.
- Préparez la sauce : dans un bol, mélangez la mayonnaise, le jus de citron, le persil et l'oignon.
- Servez les brochettes avec la sauce.

Vous pouvez remplacer les champignons shiitake par des champignons de Paris.

Tempura de gambas au sel et au curry

Pour 4 personnes

Gambas crues

1 cuill. à soupe de saké

Huile pour friture

Sel

Pour la pâte à tempura

3 cuill. à soupe de farine

1 cuill. à soupe de fécule

4 cuill. à soupe d'eau

Pour servir

2 cuill. à café de poudre de curry

1 cuill. à café de fleur de sel

La touche de curry s'allie à merveille avec le goût des gambas frites ! Un vrai délice !

- Videz les gambas, enlevez la tête, salez-les et arrosez-les de saké. Piquez une gambas sur chaque pique à brochette. Chauffez l'huile de friture.
- Dans un bol, mélangez la farine, la fécule et l'eau puis plongez-y les brochettes de gambas.
- Faites frire les brochettes à 180 °C, 3 à 4 minutes. Égouttez-les sur une grille ou du papier absorbant.
- Dégustez avec un mélange de fleur de sel et de poudre de curry.

Vous pouvez accompagner ce plat avec des légumes. À la place de la pâte à tempura, vous pouvez utiliser deux blancs d'œufs battus dans lesquels vous enroberez les brochettes.

REGISTERED TRADE MARK
S&B
Spicy Curry Powder
特製エスビーカレー
PREPARED BY
S&B SHOKUHIN CO., LTD.

Blancs de poulet au wasabi et au shiso

Pour 4 personnes

2 blancs de poulet (de 200 g chacun environ)

2 feuilles de shiso

¼ feuille de nori

2 cuill. à café d'umeboshi (prune salée)

2 cuill. à café de wasabi (raifort japonais)

1 cuill. à soupe d'huile

Sel

Voici un yakitori au goût fin qui saura vous surprendre par sa légèreté.

• Découpez les blancs de poulet en rectangles de 2,5 x 6 cm.

• Piquez 2 brochettes sur chaque morceau de viande, salez et enduisez d'huile à l'aide d'un pinceau.

• Faites griller au four ou au barbecue rapidement, 3 à 5 minutes. Si vous utilisez une poêle, retirez les brochettes dès que le poulet est cuit en surface. Si les brochettes cuisent trop, la chair du poulet sera trop sèche.

• Coupez la feuille de nori en petites lamelles.

• Étalez un peu de wasabi sur les blancs de poulet grillé et parsemez de lamelles de nori.

• Émincez les feuilles de shiso. Hachez au couteau la chair d'umeboshi jusqu'à obtenir une pâte.

• Étalez la pâte d'umeboshi sur les blancs de poulet et parsemez des feuilles de shiso émincées, puis servez.

Boulettes de poulet

Pour 4 personnes

200 g de cuisses de poulet désossées

2 cuill. à soupe d'oignon nouveau haché

1 cuill. à café de gingembre

1 cuill. à café de sauce de soja

1 cuill. à café de mirin

1 cuill. à café de saké

½ cuill. à café de shichimi

Pour la sauce yakitori

25 g de sucre muscovado ou de sucre de canne

10 cl de sauce de soja

5 cl de mirin

5 cl de saké

Au Japon, dans les restaurants de yakitoris, on mélange les cartilages hachés à la viande hachée. Cela donne une texture croquante aux boulettes. Essayez !

• Préparez la sauce : dans une casserole, mettez tous les ingrédients de la sauce et portez à ébullition. Laissez réduire de moitié.

• Hachez grossièrement le poulet au mixer, afin de garder la consistance de la viande. Si vous aimez les boulettes tendres, hachez bien la viande.

• Dans un bol, mélangez le poulet et l'oignon hachés, la sauce de soja, le mirin, le saké et le gingembre. Mouillez vos mains et partagez cette farce en 8 boulettes.

• Façonnez des petits boudins de farce, posez les piques à brochettes dessus et rabattez la farce par-dessus pour former des brochettes oblongues bien compactes.

• Faites-les griller au four ou au barbecue 10 minutes environ, puis trempez-les dans la sauce. Vous pouvez également étaler la sauce à l'aide d'un pinceau, deux à trois fois durant la cuisson. Si vous utilisez une poêle pour dorer les boulettes, couvrez-les d'un papier d'aluminium afin d'obtenir une cuisson optimale. Une fois les brochettes cuites, ajoutez la sauce par-dessus et laissez caraméliser.

• Saupoudrez de shichimi et dégustez.

Pour un repas complet et dans la plus pure tradition japonaise, servez avec du riz pour accompagner vos brochettes.

Canard et poireau au vin rouge

Pour 4 personnes

350 g de magrets de canard

1 poireau
(ou 2 tiges d'oignons nouveaux)

½ cuill. à café de sansho
(poivre japonais)

Pour la sauce yakitori

25 g de sucre de canne

10 cl de sauce de soja

5 cl de mirin

5 cl de vin rouge

Le poireau s'accorde merveilleusement bien avec la saveur du canard. Ces brochettes gourmandes se dégustent sans modération, elles sont fondantes et délicates en bouche !

- Préparez la sauce : dans une casserole, mettez tous les ingrédients et portez-les à ébullition. Puis laissez réduire de moitié.
- Coupez le poireau (ou les tiges d'oignons nouveaux) en tronçons de 2,5 cm de longueur. Découpez le canard en morceaux de 2,5 cm également.
- Piquez sur une pique à brochette dans l'ordre suivant : poireau (ou oignon), canard, poireau (ou oignon). La peau du canard doit être placée vers la pointe de la pique à brochette.
- Faites griller au four ou au barbecue 10 minutes environ. Puis trempez les brochettes dans la sauce. Vous pouvez également étaler la sauce à l'aide d'un pinceau deux à trois fois durant la cuisson. Si vous utilisez une poêle, couvrez les brochettes d'un papier d'aluminium afin d'obtenir une cuisson optimale.
- Saupoudrez de sansho et servez.

Vous pouvez aussi réaliser cette recette avec des cailles.

Foies de poulet, sauce sirop de riz et pomme sautée au saké

Pour 4 personnes

300 g de foies de poulet

1 pomme

1 cuill. à café de beurre

1 cuill. à café de sucre de canne

1 cuill. à soupe de sauce de soja

1 cuill. à soupe de sirop de riz

1 cuill. à café de saké

1 cuill. à soupe de vinaigre de riz ou de vinaigre noir

Le sirop de riz revient depuis peu à la mode au Japon pour ses vertus bienfaisantes. Sa saveur ronde et discrète se marie bien avec le saké et la sauce de soja. Allié aux pommes chaudes et aux foies de poulet fondants, c'est l'atout de votre recette !

- Faites tremper les foies dans de l'eau froide, afin de les débarrasser de leur odeur.
- Coupez la pomme en petits dés et faites-les sauter dans une poêle avec le beurre, le sucre et le saké. Réservez au chaud.
- Essuyez les foies de poulet avec du papier absorbant. Découpez-les en dés de 2,5 cm environ. Piquez sur chaque pique à brochette 3 à 4 morceaux de foie.
- Faites griller au four ou au barbecue 10 minutes environ. Si vous utilisez une poêle, couvrez les brochettes d'un papier d'aluminium afin d'obtenir une cuisson optimale.
- Dans une poêle, mettez le sirop de riz, la sauce de soja et le vinaigre de riz.
- Portez à ébullition, puis trempez-y les brochettes.
- Servez les brochettes avec les morceaux de pomme.

Le sirop de riz peut aussi être remplacé par du miel.

Praires grillées au saké

Pour 4 personnes

8 praires

4 cuill. à café de ciboulette ciselée

4 cuill. à café de gingembre râpé

4 cuill. à café de sauce de soja

4 cuill. à café de saké

Redécouvrez les praires. Grillées et parsemées de ciboulette fraîche, elles remporteront un franc succès !

- Faites tremper les praires dans de l'eau salée, afin de les débarrasser du sable qu'elles contiennent.

- Faites griller les praires avec leur coquille. Dès que les coquilles s'ouvrent, arrosez la chair de saké et de sauce de soja. Attention, à ce moment-là, les coquilles sont brûlantes !

- Remettez les praires à griller 1 minute à peine (la chair durcira si vous la laissez cuire trop longtemps).

- Disposez les praires dans une assiette, parsemez-les de gingembre râpé et de ciboulette ciselée. Dégustez avec des piques en bois.

Cette recette est réalisable avec d'autres coquillages : palourdes, coques, amandes…

Rascasse grillée, marinée à la sauce miso (style saikyo yaki)

Pour 4 personnes

400 g ou 4 filets de rascasse

Sel

Pour la marinade

100 g de miso blanc (saikyo miso)

3 cuill. à soupe de mirin

4 cuill. à soupe de saké

Le rascasse fera sensation au bout de vos brochettes, offrant à vos convives son goût délicat et léger. Marinée dans la sauce miso, elle révèle toute sa saveur et son fondant à chaque bouchée.

- Salez les filets de poisson et laissez-les dégorger 30 minutes. Cette étape est importante car elle permet d'adoucir l'odeur du poisson et de rendre sa chair plus ferme et savoureuse.

- Préparez la marinade : dans un bol, mélangez bien le miso blanc, le saké et le mirin.

- Dans un faitout, versez la moitié de la marinade, placez dedans les filets de poisson enveloppés de gaze (ainsi vous les retirerez facilement de la marinade. Cela évite également de laisser des résidus de poisson dans le miso et permet sa réutilisation). Puis couvrez entièrement les filets de poisson avec le reste de la marinade.

- Laissez mariner au réfrigérateur, de 3 heures à 2 jours.

- Sortez les filets de la marinade, enlevez le surplus de miso, puis découpez les filets en morceaux de 2,5 cm environ d'épaisseur. Piquez les morceaux en utilisant deux piques à brochettes par morceau.

- Faites griller au four 8 à 10 minutes. Surveillez bien la cuisson, car les morceaux de poisson brûlent assez facilement.

Vous pouvez remplacer la rascasse par de la daurade, du cabillaud ou du loup (bar).

Rouleaux de bœuf aux haricots verts

Pour 4 personnes

200 g de carpaccio de bœuf ou de bœuf tranché finement

100 g de haricots verts fins

100 g d'enoki (champignons japonais à tige fine)

Sel et poivre

Ces petits rouleaux de bœuf aux légumes séduiront vos invités par leur simplicité et leur forme originale.

- Faites cuire les haricots verts dans l'eau bouillante, puis passez-les sous l'eau froide. Égouttez-les et épongez-les avec du papier absorbant.
- Ajustez la longueur des haricots verts à la largeur des tranches de bœuf. Placez les haricots sur des tranches de bœuf et enroulez-les. Puis coupez les rouleaux en deux ou en quatre selon leur taille. Piquez les rouleaux sur des piques à brochettes, salez et poivrez.
- Préparez de la même façon les champignons enoki.
- Faites griller au four ou au barbecue. Attention, la viande coupée en tranches fines cuit très vite !

Vous pouvez mettre du fromage (du comté, par exemple) et d'autres légumes dans les rouleaux. La cuisson de la viande se fait très rapidement, il est donc nécessaire de pré-cuire les légumes.

Rouleaux de poitrine fumée aux asperges

Pour 4 personnes

100 g de poitrine fumée (8 tranches)

8 asperges

Le jus de ½ citron

1 pincée de shichimi

Les saveurs salée de la poitrine fumée et acide du jus de citron se marient parfaitement au goût délicat des asperges. Le shichimi ajoute une note relevée à vos brochettes et charmera vos convives.

- Plongez les asperges dans une casserole d'eau bouillante pendant 2 minutes. Puis égouttez-les et épongez-les avec du papier absorbant.
- Enroulez une tranche de poitrine fumée autour de chaque asperge. Coupez chaque rouleau en quatre et piquez chacun sur une pique à brochette.
- Faites-les griller au four ou sauter dans une poêle, jusqu'à obtenir une belle couleur dorée.
- Saupoudrez de shichimi, arrosez avec le jus de citron et servez.

Si vous n'aimez pas le goût particulièrement relevé du shichimi, vous pouvez le remplacer par du poivre.

Saint-jacques à la sauce hollandaise, façon Motoko

Pour 4 personnes

8 à 12 coquilles Saint-Jacques selon leur grosseur

Sel

Pour la sauce hollandaise

1 jaune d'œuf

1 cuill. à soupe d'échalotes hachées

2 cuill. à café de jus de citron

½ cuill. à café de sauce de soja

2 cuill. à soupe d'huile de pépins de raisin

2 cuill. à café de vinaigre de riz

5 cuill. à soupe de saké

2 cuill. à soupe d'eau froide

Une combinaison de saveurs légères et simples qui ravira les papilles de vos invités !

- Préparez la sauce hollandaise : dans une casserole, mettez le saké et les échalotes hachées, et laissez réduire presque à sec. Hors du feu, une fois la casserole refroidie, ajoutez le jaune d'œuf et l'eau froide, et réchauffez au bain-marie tout en fouettant, jusqu'à obtenir une consistance crémeuse. Retirez la casserole du bain-marie tout en continuant de mélanger et ajoutez l'huile de pépins de raisin par petite quantité. Puis assaisonnez avec le jus de citron, le vinaigre de riz et la sauce de soja.
- Piquez les saint-jacques sur les piques à brochettes et salez-les.
- Faites-les griller au four ou dorer à la poêle des deux côtés. Servez avec la sauce.

Vous pouvez accompagner ce plat de légumes : asperges, artichauts... Vous pouvez également utiliser de la sauce hollandaise vendue en brique et y ajouter quelques gouttes de sauce de soja et 1 cuillerée à café de saké.

Saumon à la sauce teriyaki

Pour 4 personnes

400 g de pavé de saumon

Sel

Pour la sauce teriyaki

10 cl de sauce de soja

10 cl de mirin

5 cuill. à soupe de sucre de canne

Pour servir

100 g de radis blancs râpés (ou 8 radis)

2 cuill. à café de ciboulette hachée

Faire griller le poisson avec la sauce teriyaki à base de sauce de soja donne un goût savoureux au saumon, tandis que le radis râpé lui apporte une note de fraîcheur.

- Préparez la sauce : dans une casserole, mettez tous les ingrédients de la sauce et portez-les à ébullition. Laissez réduire de moitié.
- Découpez le saumon en tranches de 1 x 2,5 cm, puis recoupez les tranches en deux morceaux. Salez les morceaux et piquez-les sur des piques à brochettes (un morceau par pique).
- Faites griller au four ou sauter dans une poêle des deux côtés.
- Trempez les brochettes dans la sauce. Vous pouvez également étaler la sauce à l'aide d'un pinceau deux à trois fois durant la cuisson. Si vous faites sauter à la poêle, vous pouvez verser la sauce sur les brochettes en fin de cuisson et laisser caraméliser l'ensemble.
- Servez les brochettes de saumon avec le radis râpé en petite montagne et la ciboulette hachée par-dessus.

Thon mi-cuit et poireaux à la sauce sumiso

Pour 4 personnes

400 g de pavé de thon

2 poireaux ou 3 tiges d'oignons nouveaux

1 cuill. à soupe d'huile végétale

Sel

Pour la sauce sumiso

2 cuill. à soupe de miso blanc (saikyo miso)

¼ cuill. à café de karashi (moutarde japonaise)

2 cuill. à soupe de vinaigre de riz

1 cuill. à soupe de sucre en poudre

Vous pouvez également déguster ces brochettes tièdes en entrée. La sauce sumiso accompagne toutes sortes de fruits de mer.

- Disposez le pavé de thon en un bloc rectangulaire et salez.
- Faites chauffer l'huile dans une poêle et faites revenir le pavé de thon à peine 30 secondes de chaque côté.
- Préparez la sauce : dans un bol, mélangez le miso, le vinaigre, le sucre et la moutarde japonaise.
- Faites blanchir les poireaux (ou les oignons) dans l'eau bouillante pendant 2 minutes.
- Coupez le pavé de thon en morceaux de 2 cm d'épaisseur. Coupez les poireaux en morceaux de la même taille.
- Piquez un morceau de poireau et un morceau de thon sur chaque brochette. Dégustez les brochettes avec la sauce sumiso.

Tofu grillé à la sauce miso

Pour 4 personnes

500 g de tofu ferme

Pour la sauce au miso blanc

50 g de miso blanc (saikyo miso)

25 g de sucre en poudre

1 cuill. à soupe de mirin

1 cuill. à soupe de saké

Pour la sauce au miso rouge

50 g de miso rouge (aka miso ou barley miso)

1 cuill. à soupe de poireaux hachés

1 cuill. à soupe de mirin

25 g de sucre de canne ou de sucre muscovado

1 cuill. à soupe de sirop de riz ou de miel

1 cuill. à soupe de graines de sésame moulues

1 cuill. à soupe de saké

Pour décorer

1 cuill. à café de graines de sésame blanc

1 cuill. à café de pousses de salade

Le tofu et le miso sont tous les deux à base de soja. On les trouve dans la plupart des recettes de cuisine végétarienne des moines bouddhistes.

- Enveloppez le tofu dans une serviette ou du papier absorbant et placez-le sur une assiette. Posez dessus un poids et laissez-le dégorger 1 heure environ.
- Préparez la sauce au miso blanc : dans une petite casserole, mélangez le saké et le mirin. Portez à ébullition puis, sur feu doux, ajoutez le miso blanc et le sucre en mélangeant jusqu'à obtenir une sauce onctueuse.
- Préparez la sauce au miso rouge : dans une petite casserole, mélangez le saké et le mirin. Portez à ébullition puis, sur feu doux, ajoutez le miso rouge, le sucre, le sirop, les poireaux hachés et le sésame haché en mélangeant jusqu'à obtenir une sauce onctueuse.
- Découpez le tofu en pavés de 6 x 2,5 cm et d'une épaisseur de 1,5 cm.
- Faites griller ou sauter les morceaux de tofu dans une poêle, jusqu'à ce qu'ils soient dorés.
- Tartinez les brochettes avec les sauces au miso, en alternant miso rouge et miso blanc. Saupoudrez les brochettes au miso rouge de sésame blanc et décorez les brochettes au miso blanc de pousses de salade.

Yakitoris de cuisses de poulet et gésiers aux légumes

Un plat divinement sublimé par sa sauce onctueuse et sucrée !

Pour 4 personnes

2 cuisses de poulet (400 g) désossées

150 g de gésier de poulet

½ poivron vert ou 4 mini-poivrons verts

4 mini-maïs

1 tige d'oignon nouveau

Pour la sauce yakitori

25 g de sucre de canne

10 cl de sauce de soja

5 cl de mirin

5 cl de saké

• Préparez la sauce : dans une casserole, mettez tous les ingrédients de la sauce et portez à ébullition. Laissez réduire de moitié.

• Découpez les cuisses de poulet et les gésiers en morceaux de 2,5 cm. Coupez la tige d'oignon nouveau en tronçons de 2,5 cm de longueur.

• Attention, afin d'obtenir une cuisson égale, veillez à découper la viande et l'oignon en morceaux de taille identique.

• Piquez 3 à 4 gésiers par brochette. Puis piquez sur chaque pique dans l'ordre : un morceau de tige d'oignon, un mini-maïs, un morceau de poulet, un morceau de tige d'oignon, un mini-poivron, un morceau de poulet.

• Faites griller les brochettes au four ou au barbecue 10 minutes environ, puis trempez-les dans la sauce. Vous pouvez également étaler la sauce à l'aide d'un pinceau, deux à trois fois durant la cuisson.

• Si vous utilisez une poêle pour faire dorer les brochettes, couvrez-les d'un papier d'aluminium afin d'obtenir une cuisson optimale. Une fois les brochettes cuites, versez la sauce par-dessus et laissez caraméliser.

Vous pouvez aussi servir ce plat sans sa sauce, avec du sel et du jus de citron.

Cabillaud en papillotes de chou à la vapeur

Pour 4 personnes

400 g de filets de cabillaud

1 mini-chou

2 umeboshis (prunes salées)

4 cuill. à café de shio-kombu (algues salées)

4 cuill. à café de saké

Sel

La saveur des algues salées et l'acidité de la prune salée (l'umeboshi) s'accordent bien avec le cabillaud. Un mariage gustatif réussi et apprécié des gourmets !

- Coupez le poisson en 8 morceaux, salez-les et piquez-les sur des piques à brochettes.
- Prenez 8 feuilles de chou et lavez-les soigneusement. Si elles sont dures, blanchissez-les à l'eau bouillante.
- Disposez chaque brochette de poisson sur une feuille de chou, salez et arrosez de saké, puis enveloppez chaque brochette avec sa feuille de chou. Fermez les 8 papillotes avec des cure-dents.
- Laissez cuire à la vapeur pendant 10 minutes.
- Dénoyautez les prunes salées et émincez-les au couteau afin d'obtenir une pâte.
- En fin de cuisson, ouvrez les feuilles de chou et disposez dans chaque assiette 2 brochettes et 2 feuilles de chou sur lesquelles vous déposez ½ cuillerée à café de shio-kombu et une pointe de prune salée.

Ce plat est excellent également avec du saumon ou de la daurade.

Porc à la sauce au sésame

Pour 4 personnes

300 g de filet de porc
ou de poitrine de porc

½ oignon

Pour la salade de légumes

4 radis

50 g de graines germées de radis
(pousses de radis)

½ mini-concombre

½ poireau

2 feuilles de shiso

Sel

Pour la sauce au sésame

1 piment rouge

2 cuill. à soupe de sauce de soja

2 cuill. à soupe de graines
de sésame

½ cuill. à soupe de sucre
en poudre

½ cuill. à soupe d'huile
de sésame

3 cuill. à soupe de vinaigre de riz

Une recette délicieuse et légère, qui peut aussi se savourer froide en été.

• Dans une grande casserole d'eau bouillante, mettez la viande de porc, l'oignon et le sel. Laissez cuire 40 minutes.

• Préparez la salade : émincez le poireau, les feuilles de shiso, les radis et le concombre. Passez le poireau dans l'eau froide 15 minutes environ afin d'enlever leur goût piquant.

• Préparez la sauce : dans un bol, mélangez bien la sauce de soja, le vinaigre, le sucre, l'huile de sésame, les graines de sésame. Enlevez les pépins du piment rouge, émincez-le (les amateurs de sensations fortes peuvent garder les pépins) et mélangez-le à la sauce.

• Lorsque le porc est cuit, coupez-le en tranches de 1 cm d'épaisseur. Piquez chaque tranche sur une pique à brochette.

• Disposez les brochettes dans un plat et mettez la salade de légumes émincés et les graines germées de radis par-dessus. Nappez de sauce au sésame et servez.

Vous pouvez déguster ce plat accompagné de tomates et de salade.

Liste de produits japonais

Chapelure japonaise : plus grosse et plus sèche que la chapelure traditionnelle, elle est composée de miettes de pain croustillantes.

Dashi : c'est un bouillon à base d'algues séchées (kombu) et de flocons de bonite. On trouve du dashi instantané, sous forme de granulés, dans les magasins d'alimentation japonais.

Enoki : c'est un champignon d'origine asiatique. De forme fine et oblongue, il a une saveur douce, fruitée et une chair légèrement croquante.

Karashi (ou wakarashi) : le karashi est la moutarde japonaise, elle est disponible dans les magasins d'alimentation japonais.

Mirin : c'est une sorte d'alcool doux. Il s'utilise comme du sucre dans la cuisine japonaise.

Miso rouge ou blanc : le miso est une sorte de pâte à base de soja fermenté. Il existe des misos de différentes couleurs qui varient du brun au beige clair. En général, le miso rouge (ou aka miso) est plus salé, le miso blanc (ou saikyo miso) est plus doux.

Nori : c'est une algue comestible, très riche en protéines, broyée en pâte puis aplatie en fines plaques. On le trouve dans les magasins d'alimentation japonais, en grandes surfaces et dans les magasins d'alimentation diététique.

Nuoc-mâm : c'est une sauce à base de poisson fermenté dans de la saumure. Dans les cuisines asiatiques, il est utilisé comme un des principaux condiments.

Racine de lotus : c'est le rhizome du nénuphar asiatique. Coupé en lamelles, il révèle un cœur aux multiples alvéoles qui composent une dentelle très graphique. Les racines de lotus peuvent se consommer à la fois crues et cuites.

Saké : c'est un alcool de riz obtenu par la fermentation de ce dernier. Il est apprécié non seulement en accompagnement des repas, mais sert également dans la préparation des recettes. Il permet notamment de rehausser la saveur du poisson ou d'estomper son odeur, selon l'effet voulu. On le trouve dans les magasins d'alimentation japonais.

Sansho : il est aussi appelé « poivre japonais ». On utilise ses feuilles séchées et ses baies, notamment pour les grillades.

Sauce tonkatsu : c'est une sauce sucrée à base de fruits, de légumes, de sauce soja et de ketchup. À l'origine, il s'agit de la sauce Worcestershire anglaise, importée il y a une centaine d'années sur l'archipel, et adaptée au goût japonais. On la trouve dans les magasins d'alimentation japonais.

Shichimi : c'est un mélange de piment rouge et de sept épices. Le shichimi fait partie des épices indispensables dans la cuisine japonaise.

Shiitake : c'est un champignon parfumé qu'on trouve souvent sous forme séchée. On l'utilise en le faisant tremper auparavant dans de l'eau.

Shio-kombu : il s'agit de lamelles d'algues salées.

Shiso : c'est une feuille d'une plante aromatique au parfum caractéristique. Il est disponible dans les magasins d'alimentation japonais.

Shoyu (ou sauce de soja) : le shoyu est une sauce faite de graines de soja et de blé fermentés, sans additifs chimiques. On en trouve dans les magasins d'alimentation japonais, dans les grandes surfaces et dans les magasins d'alimentation diététique.

Sirop de riz : obtenu à partir de la fermentation de grains de riz et d'orge entier, il peut être utilisé comme substitut au sucre ou à la cassonade. Il revient peu à peu à la mode au Japon grâce à ses vertus bienfaisantes énergétiques. Le sirop de riz peut aussi être remplacé par du miel. Il est disponible dans les magasins d'alimentation diététique.

Sucre muscovado : c'est un sucre de canne semoule foncé qui est disponible notamment dans les magasins d'alimentation diététique. Il peut être remplacé par du sucre de canne.

Tempura : c'est un mode de friture très populaire au Japon. Les aliments sont enrobés d'une pâte à base d'eau, de farine et d'œufs.

Teriyaki : la sauce teriyaki est une sauce japonaise qui accompagne les grillades et entre dans la composition des marinades. Elle est élaborée à base de sauce soja naturellement fermentée, de vin et d'épices. Elle est idéale pour les viandes, les volailles, les poissons et les légumes.

Tofu : d'origine chinoise, le tofu est une pâte blanche issue du caillage du lait de soja. Naturellement dépourvu de cholestérol, c'est une grande source de protéines.

Umeboshi : les umeboshis sont des prunes macérées dans du sel, puis séchées au soleil. Elles sont connues au Japon pour leur vertu antiseptique et fortifiante. Les umeboshis peuvent accompagner différentes sortes de mets et notamment le riz. On peut les trouver dans les magasins d'alimentation japonais et dans certains magasins d'alimentation diététique.

Vinaigre de riz : le vinaigre japonais est à base de riz. Il sert aussi bien pour le riz à sushi que pour la sauce des brochettes. Il est bien plus doux que la plupart des vinaigres d'alcool.

Wasabi : c'est un légume piquant, l'équivalent du raifort. Par extension, le terme désigne aussi le condiment préparé avec la racine de la plante. Il se caractérise par sa couleur verte et son goût extrêmement fort. On le trouve dans les magasins d'alimentation japonais et en grandes surfaces.

Yuzu : c'est un agrume proche du citron vert au parfum particulier. On utilise à la fois son écorce et son jus. Dans le langage des fleurs, son nom signifie « la beauté saine ». Il est disponible dans les magasins d'alimentation japonais.

Vous trouverez également tous ces ingrédients à l'adresse suivante : www.sushiboutique.fr

Index des recettes

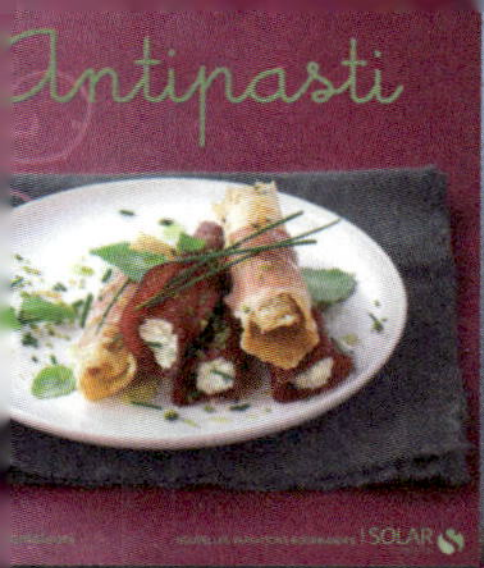

Dans la collection

NOUVELLES VARIATIONS GOURMANDES

SOLAR EDITIONS